EDITORIAL

Mit Seiden- und Transparentpapier lassen sich bezaubernde Objekte für das Fenster, den Tisch oder die Gartenparty fertigen. Dieses Buch bietet Ihnen eine große Auswahl an ansprechenden Vorschlägen für das ganze Jahr: von ganz einfach bis anspruchsvoll. Vom Fensterbild, das Sie passend zur Jahreszeit auswählen können, bis zur Party-Laterne, die Sie einmal fertigen und dann jedes Jahr wieder verwenden können. Nicht zu vergessen, die traditionellen Faltsterne, die jedes Jahr in der Weihnachtszeit die Fenster schmücken.

Sie finden Tischlaternen aus Wellpappe oder Duo-Tonkarton, mit fünf Häuserfronten oder in Blütenform. Besonders schnell gefertigt sind die Tischgirlande mit den sieben Zwergen und das Triptychon mit den Engeln, da diese nur mit Regenbogen-Transparentpapier hinterlegt werden. Für die Kleinen gibt es eine einfach gestaltete Laterne, die zur Herstellung einer zweiten Laterne verführt, da die herausgefallenen Motivteile dafür verwendet werden können.

Wenn dann das Licht hindurchscheint, verwandeln sich alle Objekte zu bunten Farbenspielen, die Große und Kleine gleichermaßen faszinieren. Experimentieren Sie ruhig einmal mit anderen Farben, als in den Beschreibungen angegeben. Sie werden überrascht sein, wie sehr sich die Wirkung ändert.

Ob der Teddy fürs Kinderzimmer, der Erntedank-Kranz fürs Eßzimmer oder die Party-Laternen, die für eine stimmungsvolle Beleuchtung sorgen, – alle Modelle bereichern nicht nur Ihre Wohnung, sondern sind auch tolle Geschenkideen.

Viel Freude beim Gestalten
wünscht Ihnen

Ihre

S. Holl

INHALT

Material und Werkzeug

Als Schneideunterlage nehmen Sie einen dicken Pappkarton, eine Glasscheibe (aus einem alten Bilderrrahmen), ein altes Stück Linoleum (Rest eines Bodenbelags) oder eine im Handel erhältliche, spezielle Schneideunterlage.

Außerdem benötigen Sie:

- Tonkarton in verschiedenen Farben
- Wellpappe in verschiedenen Farben
- Transparent- und Seidenpapier in verschiedenen Farben
- Regenbogen-Transparentpapier (im Schreibwaren- oder Bastelgeschäft erhältlich)
- Gelbes und blaues Paus- oder Transparentpapier (Architektenpapier) zum Übertragen der Motive
- Bleistift
- Cutter
- Schere
- Lineal

Übertragen der Motive

Die Motive werden mit Hilfe eines Bleistifts und gelbem oder blauem Pauspapier vom Vorlagenbogen auf Tonkarton der gewünschten Farbe übertragen.
Sie können die einzelnen Motive aber auch fotokopieren. Kleben Sie dann die Kopie mit doppelseitigem Klebeband auf den entsprechenden Tonkarton, und schneiden Sie die Konturen exakt mit dem Cutter nach. Halten Sie dabei mit einer Hand die Papiere fest, damit sie nicht verrutschen.
Mit dieser Methode sparen Sie sich das Übertragen der jeweiligen Motive und vermeiden Pauslinien auf dem Tonkarton.

Wenn Sie ein Motiv mehrfach verwenden wollen, zum Beispiel bei den transparenten Ostereiern, empfiehlt es sich, eine Schablone des gewünschten Motivs anzufertigen. Dafür kopieren Sie das Motiv mit Transparentpapier auf festen Tonkarton und schneiden die Konturen (wie oben beschrieben) exakt nach. Das sind dann Ihre Schablonen. Diese werden auf den farblich gewünschten Tonkarton gelegt. Umfahren Sie nun die Schablonen mit einem spitzen Bleistift. So können Sie das Motiv übertragen.

Schneiden des Tonkartons

Wenn Sie das Motiv mit dem Cutter auf einer Glasplatte ausschneiden, werden die Konturen ganz exakt und glatt. Es ist aber auch möglich, auf Linoleum oder auf einem festen Karton zu arbeiten. Sobald in der Kartonunterlage zu viele Schnittstellen sind, müssen Sie diese auswechseln. Halten Sie den Cutter wie einen Füllfederhalter, und schneiden Sie locker und zügig drauflos.

Wenn die Schnitte nicht mehr glatt werden, ist die Klinge stumpf. Wechseln Sie sie dann aus. Arbeiten Sie immer von innen nach außen: Erst die Innenschnitte ausführen, dann die äußere Kontur nachschneiden.

Ausnahmen bilden die Laternen, das Triptychon und die Tischgirlande. Bei diesen Modellen werden zunächst die äußeren Konturen nachgeschnitten. Dann wird entlang der Falzlinien gefalzt. Erst danach werden die Innenschnitte gemacht. Da die Stege sehr schmal werden, würde das Falzen nach dem Ausschneiden zu schwierig sein.

Bei den Fensterbildern arbeiten Sie die Motive doppelt, damit sie von beiden Seiten gleich schön aussehen.

Sie können die Teile natürlich auch mit der Schere ausschneiden. Am besten eignen sich Silhouettenscheren oder Nagelscheren, damit können Sie die Rundungen schön herausarbeiten. Schneiden Sie mit der Schere gleichmäßig langsam, damit keine Ansatzstellen zu sehen sind. Sie können die Kleinteile, die aufgeklebt werden, auch aus Tonpapier fertigen, da diese keine Stabilität brauchen und mit der Schere besser zu schneiden sind.

Hinterkleben der Motive

Prüfen Sie, ob beide Motivteile genau aufeinanderpassen. Wenn Unterschiede vorhanden sind, schneiden Sie diese mit der Schere weg.

Kleben Sie das Transparent- oder Seidenpapier auf die Seite mit den Pauslinien, damit diese unsichtbar werden. Tragen Sie den Klebstoff sparsam auf, legen Sie das farbige Transparent- oder Seidenpapier auf die ausgeschnittenen Öffnungen, und spannen Sie es nach. Schneiden Sie ca. 1 mm vom Rand entfernt das überstehende Papier mit dem Cutter ab. Trennen Sie dabei aber nicht den Tonkarton durch!

Halten Sie das Motiv gegen das Licht, und prüfen Sie, ob nicht eventuell das Papier überlappt. Wenn das der Fall sein sollte, schneiden Sie es nach. Kleben Sie dann das Gegenstück von der anderen Seite deckungsgleich auf.

Wenn Ihnen ein Farbton nicht stark genug ist oder wenn Sie die Farbe verändern wollen, kleben Sie den Zwischenraum mit zwei Transparent- oder Seidenpapieren aus.

Sind beim Ausschneiden Kleinteile aus Tonkarton herausgefallen, fixieren Sie diese nach dem Hinterkleben wieder von beiden Seiten auf dem Transparent- bzw. Seidenpapier.

Tip:
Experimentieren Sie ruhig einmal mit anderen Farben, als in den Beschreibungen angegeben. Und lassen Sie sich von der Wirkung überraschen. Viel Spaß beim Experimentieren!

Fensterbild „Clown“

Material:

- Seidenpapier in Schwarz, Rosa, Hellblau, Rot, Weiß, Orange, Pink, Hellgrün, Gelb, Violett, Braun, Grün und Altrosa
- Tonkarton in Dunkelblau
- Klebstoff

Das Motiv wird mit Hilfe von Transparentpapier vom Vorlagenbogen auf dunkelblauen Tonkarton übertragen.
Machen Sie zuerst die Innenschnitte, dann schneiden Sie die äußere Kontur des Fensterbildes nach.
Hinterkleben Sie die einzelnen Bereiche mit Seidenpapier in der gewünschten Farbe.
Wenn Ihnen ein Farbton zu schwach erscheint, hinterkleben Sie die Öffnung zweimal.

Fensterbild
„Teddy mit Fähnchen“

Material:

- Seidenpapier in Gelb, Orange, Rot, Hellbraun, Hellblau, Dunkelblau und Grün
- Tonkarton in Braun
- Klebstoff

Das Motiv wird mit Hilfe von Transparentpapier vom Vorlagenbogen auf braunen Tonkarton übertragen.
Machen Sie zuerst die Innenschnitte, dann schneiden Sie die äußere Kontur des Teddys mit den Fähnchen nach.
Hinterkleben Sie die einzelnen Bereiche mit Seidenpapier in der gewünschten Farbe.
Den Teddy hinterkleben Sie zweimal mit Seidenpapier in Gelb und Orange, damit ein wärmeres Braun entsteht.

Ostereier

Material:

- Tonkarton in Blau, Weiß, Sonnengelb und Petrol
- Regenbogen-Transparentpapier
- Klebstoff
- Nähseide

Die Motive werden mit Hilfe von Transparentpapier vom Vorlagenbogen auf Tonkarton in der gewünschten Farbe übertragen. Machen Sie zuerst die Innenschnitte, dann schneiden Sie die äußeren Konturen der Motive nach.
Hinterkleben Sie die Öffnungen mit Regenbogen-Transparentpapier. Suchen Sie dafür farblich passende Stellen auf dem Regenbogen-Transparentpapier heraus.
Legen Sie zwischen Tonkarton und Regenbogen-Transparentpapier Nähseide als Aufhängefaden. Wenn Sie die Ostereier an einen Strauß hängen möchten, sollten Sie sie beidseitig arbeiten.

Fensterbild „Hahn und Henne"

Material:

- Regenbogen-Transparentpapier
- Tonkarton in Rot
- Klebstoff

Das Motiv wird mit Hilfe von Transparentpapier vom Vorlagenbogen auf roten Tonkarton übertragen.
Machen Sie zuerst die Innenschnitte, dann schneiden Sie die äußere Kontur von Hahn und Henne nach. Hinterkleben Sie die Öffnungen mit Regenbogen-Transparentpapier.
Wählen Sie farblich passende Stellen des Regenbogen-Transparentpapiers aus, um die einzelnen Körperteile der Tiere hervorzuheben.
Das beim Zuschneiden des Tonkartons herausgefallene Auge des Hahnes wird nach dem Hinterlegen des Kopfes aufgeklebt.

Fensterbild „Schäfer“

Material:

- Seidenpapier in Schwarz, Blau, Violett, Weiß, Grün, Rosa, Braun, Hellblau, Sonnen- und Zitronengelb
- Tonkarton in Schwarz
- Klebstoff

Das Motiv wird mit Hilfe von Transparentpapier vom Vorlagenbogen auf schwarzen Tonkarton übertragen.
Machen Sie zuerst die Innenschnitte, dann schneiden Sie die äußere Kontur des Fensterbildes nach.
Hinterkleben Sie die Öffnungen mit Seidenpapier. Das große Grasteil wird mit grünem und hellblauem Seidenpapier hinterlegt, um den Grünton zu verändern.
Die Gesichter und die Hände der Schäfer sowie die Beine und die Gesichter der Schafe zuerst mit rosa, dann mit sonnengelbem Seidenpapier hinterkleben, das ergibt einen wärmeren Farbton.

Tischlaterne aus Duo-Tonkarton

Material:
- Duo-Tonkarton in Violettblau/Orange
- Seidenpapier in Gelb
- Teelicht
- Klebstoff

Das Motiv wird mit Hilfe von Transparentpapier vom Vorlagenbogen auf violettblauen Duo-Tonkarton (Rückseite: Orange) übertragen. Schneiden Sie zuerst die Laterne aus (entlang der äußeren Kontur). Dann nehmen Sie mit Hilfe einer Schere und eines Lineals die Eckfaltungen sowie die Faltungen oben und unten vor.

Streichen Sie den Tonkarton wieder glatt, und beginnen Sie mit den Innenschnitten.
Schneiden Sie nur die durchgezogenen Linien ein, die gestrichelten Linien werden gefalzt. Nur das untere Dreieck wird komplett ausgeschnitten und oben wieder aufgeklebt. Stecken Sie die Spitzen der nach unten gefalteten Dreiecke hinter die nach oben ragenden Spitzen.

Hinterkleben Sie die gesamte Rückseite mit gelbem Seidenpapier. Knicken Sie die Falzstellen wieder, und kleben Sie die Tischlaterne zusammen.

Fensterbild „Erntedank-Kranz"

Material:
- Seidenpapier in Orange, Grün, Weiß, Rot, Dunkelblau, Schwarz, Hellblau, Sonnengelb, Braun und Violett
- Tonkarton in Rehbraun
- Klebstoff

Das Motiv wird mit Hilfe von Transparentpapier vom Vorlagenbogen auf rehbraunen Tonkarton übertragen.

Führen Sie zuerst die Innenschnitte aus, dann schneiden Sie die äußere Kontur des Erntedank-Kranzes nach. Hinterkleben Sie die Öffnungen mit Seidenpapier.
Wenn Ihnen die einzelnen Farbtöne zu blaß sind, können Sie das Seidenpapier doppelt hinterlegen. Bei dem Traubenblatt und den beiden Äpfeln wird auf das grüne Seidenpapier hellblaues aufgeklebt, so erreicht man einen helleren Grünton.

Das beim Ausschneiden des Tonkartons herausgefallene Teil des Traubenblattes nach dem Hinterkleben der Öffnung wieder befestigen.

Fensterbild „Nikolaus“

Material:
- Seidenpapier in Schwarz, Weiß, Grün, Rosa, Braun, Rot und Sonnengelb
- Tonkarton in Schwarz
- Klebstoff

Das Motiv wird mit Hilfe von Transparentpapier vom Vorlagenbogen auf schwarzen Tonkarton übertragen.
Machen Sie zuerst die Innenschnitte, dann schneiden Sie die äußere Kontur des Fensterbildes nach.
Hinterkleben Sie die Öffnungen mit Seidenpapier der gewünschten Farbe.

Transparente Fenstersterne

Material:

- Transparentpapier in Orange und Gelb
- Klebstoff

Schneiden Sie aus Transparentpapier acht Rechtecke in der Größe 12 cm x 16 cm.
Falten Sie ein zugeschnittenes Rechteck genau einmal senkrecht in der Mitte, und öffnen Sie es wieder. Dann falten Sie alle vier Ecken nach innen bis an die Mittellinie. Öffnen Sie die beiden unteren Ecken, falten Sie sie nochmals zur Hälfte (siehe Zeichnung 1, gestrichelte mittlere Linie an der linken unteren Ecke), und schließen Sie sie wieder.
Die oberen Ecken geschlossen lassen und einmal zurück und einmal nach vorne falten (siehe Zeichnung 1).
Nun falten Sie beide seitlichen Außenkanten zur Mittellinie hin (siehe Zeichnung 2, gestrichelte senkrechte Linie). Öffnen Sie die Faltung wieder, und falten Sie auf beiden Seiten entlang der diagonalen gestrichelten Linie (siehe Zeichnung 2).
Jetzt werden die beiden Seiten der oberen Spitze nochmals zur Mitte hin gefaltet. Ausgangspunkt ist die gestrichelte Linie in Zeichnung 3. Das gefaltete Rechteck müßte jetzt Zeichnung 4 entsprechen.
Falten Sie alle acht Rechtecke in der gleichen Weise. Die aufspringenden Ecken werden mit ein wenig Klebstoff verschlossen, damit keine Flecken entstehen. Verbinden Sie die Sternspitzen mit etwas Klebstoff miteinander: Legen Sie die untere linke Diagonale einer Sternspitze an der Mittellinie einer anderen Sternspitze an. Befestigen Sie so alle Sternspitzen, bis der Stern geschlossen ist. Drehen Sie den Stern um, und kleben Sie die noch abstehenden Stellen leicht zusammen.

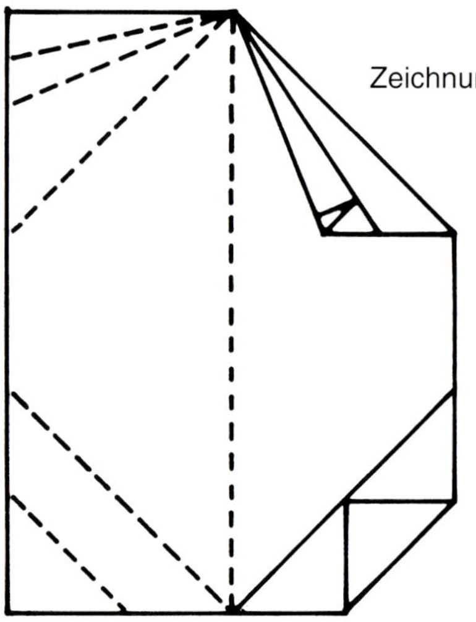
Zeichnung 1

Zeichnung 2
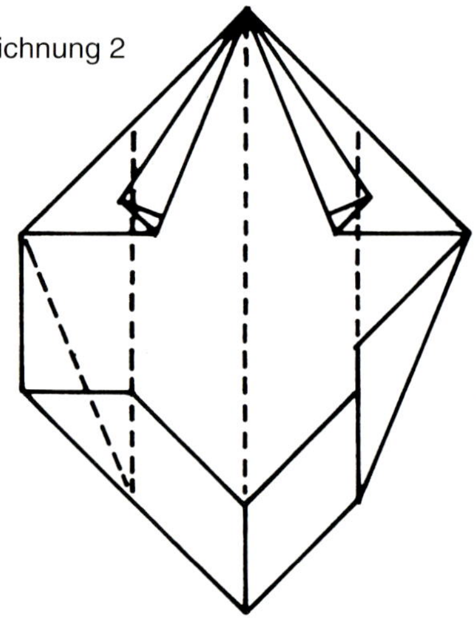

Zeichnung 3
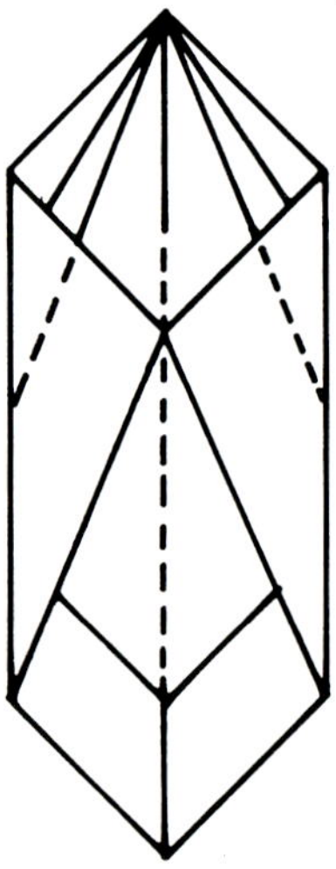

Zeichnung 4
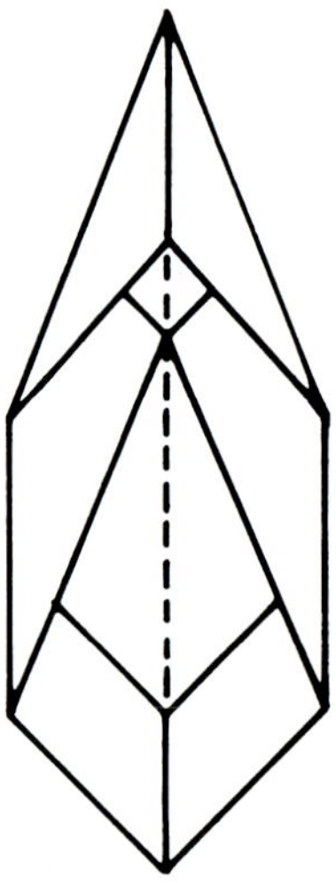

Triptychon „Engel"

Material:
- Regenbogen-Transparentpapier
- Tonkarton in Hellblau
- Buntstifte
- Klebstoff

Das Motiv wird mit Hilfe von Transparentpapier vom Vorlagenbogen auf hellblauen Tonkarton übertragen.

Schneiden Sie zuerst die Kontur nach, dann falzen Sie das Triptychon an den bezeichneten Stellen mit Hilfe einer Schere und eines Lineals.

Legen Sie es wieder flach auf die Unterlage, und führen Sie die Innenschnitte aus.

Hinterlegen Sie die Öffnungen mit Regenbogen-Transparentpapier.

Kleben Sie das Papier so von hinten auf, daß der Farbverlauf des Papiers von oben nach unten vom Gelb- in den Rosa-Blau-Bereich übergeht. Malen Sie mit Buntstiften das Gesicht auf.

Transparente Tischgirlande

Material:
- Regenbogen-Transparentpapier
- Tonkarton in Schwarz
- Klebstoff

Die Motive in beliebiger Reihenfolge mit Hilfe von Transparentpapier vom Vorlagenbogen auf schwarzen Tonkarton übertragen. Unten bündig abschließen lassen.
Schneiden Sie zuerst die Kontur nach, dann falzen Sie die Tischgirlande zwischen den einzelnen Zwergen mit Hilfe einer Schere und eines Lineals.
Legen Sie die Girlande wieder flach auf die Unterlage, und machen Sie die Innenschnitte. Hinterkleben Sie die Öffnungen mit Regenbogen-Transparentpapier.
Die beim Ausschneiden herausgefallenen Gesichtsteile werden nach dem Hinterlegen wieder aufgeklebt.

Laternen mit Sonne, Mond und Sternen

Material:

- Laternendeckel (mit Boden), Ø 15,5 cm
- Käseschachtel (Deckel mit Öffnung), Ø 11 cm
- Tonkarton in Blau
- Seidenpapier in Goldgelb, Hellblau, Rosa, Sonnen- und Zitronengelb
- Teelichter
- Regenbogen-Transparentpapier
- Klebstoff

Das Motiv wird mit Hilfe von Transparentpapier vom Vorlagenbogen auf blauen Tonkarton übertragen. Schneiden Sie Sonne, Mond und Sterne aus.

Hinterlegen Sie die einzelnen Motive mit Seidenpapier, und kleben Sie den Tonkarton bis zur gestrichelten Linie übereinander. Kleben Sie oben den Laternendeckel mit Öffnung und unten den Laternenboden ein. Auf dem Laternenboden fixieren Sie mit Klebstoff ein Teelicht.

Für die kleine Laterne kleben Sie das Regenbogen-Transparentpapier zu einer Röhre (Durchmesser 11 cm) zusammen, darin befestigen Sie mit Klebstoff den Käseschachteldeckel mit Öffnung als Laternendeckel und den Käseschachtelboden als Laternenboden. Auf letzterem wird wiederum ein Teelicht fixiert.

Nun werden auf dem Regenbogen-Transparentpapier die ausgeschnittenen Motive der großen Laterne (Sonne, Mond und Sterne) angebracht.

Achtung:
Lassen Sie Laternen nie unbeaufsichtigt brennen, und stellen Sie sie nicht in den Wind. Zudem sollten Sie darauf achten, daß die Laternen nicht zu heiß werden.

Tischlaterne aus Wellpappe

Material:
- Wellpappe in Blau und Gold
- Goldpuder
- Wasserverdünnbarer Klarlack
- Lappen
- Regenbogen-Transparentpapier
- Teelicht
- Klebstoff

Das Motiv wird mit Hilfe von Transparentpapier vom Vorlagenbogen auf die farblich gewünschte Wellpappe übertragen. Schneiden Sie zuerst die äußere Kontur nach, und falzen Sie mit Hilfe einer Schere und eines Lineals die gestrichelten Linien.
Vermischen Sie das Goldpuder mit dem Klarlack, tränken Sie damit einen Lappen, und wischen Sie mit diesem über die blaue Wellpappe (gegen die Struktur!); dadurch wird ein goldfarbener Effekt erzeugt. Lassen Sie den Goldeffekt trocknen. Knicken Sie die Falzlinien um, und stecken Sie die Laterne zur Probe zusammen.
Streichen Sie die Wellpappe wieder glatt, und beginnen Sie mit den Innenschnitten. Bekleben Sie jeden Ausschnitt der Laterne von innen mit Regenbogen-Transparentpapier. Knicken Sie die Seitenstege wieder um, und kleben Sie die Laterne zusammen. Auf der Seite, auf der die Laterne geöffnet werden kann, wird eine Extralasche mit Schlitz angeklebt.
Knicken Sie die seitlichen Stege des Bodens nach unten, und kleben Sie diesen in die Laterne.
Falzen Sie die gestrichelten Linien des Daches, knicken Sie diese nach unten, kleben Sie das Dach an dem Überlappungssteg zusammen, und lassen Sie den Klebstoff trocknen. Befestigen Sie das Dach an den abgeknickten Laschen der Seitenteile. Fixieren Sie ein Teelicht auf dem Boden, und schließen Sie die Öffnungsseite wieder. Zum Schluß werden von außen goldene Stege über das Regenbogen-Transparentpapier geklebt.

Blüten-Tischlaterne

Material:
- Tonkarton in Flieder
- Seidenpapier in Rosa
- Teelicht
- Klebstoff

Das Motiv wird mit Hilfe von Transparentpapier vom Vorlagenbogen auf fliederfarbenen Tonkarton übertragen.
Schneiden Sie zuerst die äußere Kontur nach. Dann falzen Sie mit Hilfe einer Schere die Dreiecke zwischen den Blütenblättern.
Der durchgezogene Strich bezeichnet die Talfalte, die gestrichelten Linien sind die Bergfalten.
Streichen Sie die Faltung wieder glatt, und bekleben Sie die Rückseite der Tischlaterne mit rosa Seidenpapier.
Falten Sie die Tischlaterne wieder, und kleben Sie diese an den Faltungen zusammen. So entsteht die Blütenform. In die Mitte stellen Sie ein Teelicht.

Tischlaterne „Tiffany"

Material:

- Tonkarton in Grau und Petrol
- Seidenpapier in Orange, Dunkelgrün, Hellgrün, Hellblau, Violett, Weiß und Sonnengelb
- Teelicht
- Klebstoff

Das Motiv wird mit Hilfe von Transparentpapier vom Vorlagenbogen auf grauen und petrolfarbenen Tonkarton übertragen. Machen Sie zuerst die Innenschnitte, bevor Sie die äußeren Konturen nachschneiden.
Hinterkleben Sie die Blätter und Blüten der Orchidee mit buntem Seidenpapier und danach das gesamte Motiv mit weißen Seidenpapier; so werden die einzelnen Farbtöne kräftiger.
Schneiden Sie die Laterne und den Laternenboden aus. Falzen Sie mit Hilfe einer Schere und eines Lineals die Ecken, bevor Sie die Öffnungen ausschneiden. Kleben Sie die Tischlaterne zusammen, knicken Sie die Klebeleisten des Bodens um, und befestigen Sie diesen mit Klebstoff in der Laterne.
Auf der Bodenmitte fixieren Sie ein Teelicht.
Dann werden die Motive vorne und hinten von außen aufgeklebt.

Tischlaterne „Fünf Häuser"

Material:

- Tonkarton in Grau
- Seidenpapier in Hellblau, Hellgrün, Gold-, Sonnen- und Zitronengelb
- Teelicht
- Klebstoff

Das Motiv wird mit Hilfe von Transparentpapier vom Vorlagenbogen auf grauen Tonkarton übertragen. Schneiden Sie zuerst die äußere Kontur nach. Falzen Sie dann mit Hilfe einer Schere und eines Lineals die gestrichelten Linien. Streichen Sie den Tonkarton wieder glatt, und beginnen Sie mit den Innenschnitten.
Hinterkleben Sie jede Häuserfront mit Seidenpapier in einer anderen Farbe. Knicken Sie die Falzstellen wieder, und kleben Sie die Tischlaterne zusammen. Falzen Sie die inneren Linien mit Hilfe einer Schere und eines Lineals. Schneiden Sie die gestrichelten Linien ein, und biegen Sie die seitlichen Stege nach oben. Befestigen Sie den Boden mit Klebstoff in der Tischlaterne, und fixieren Sie dann das Teelicht auf der Bodenmitte.

Party-Laternen

Material:

- Tonkarton in Gelb und Rot
- Transparentpapier in Rot, Blau, Gelb und Violett
- Elektrische Beleuchtung
- Klebstoff

Das Motiv wird mit Hilfe von Transparentpapier vom Vorlagenbogen zweimal auf gelben und zweimal auf roten Tonkarton übertragen. Schneiden Sie zuerst die äußeren Konturen nach, und führen Sie mit Hilfe einer Schere und eines Lineals die Faltungen an den gestrichelten Linien durch. Streichen Sie den Tonkarton wieder glatt, und schneiden Sie dann die Muster aus. Hinterkleben Sie jede Seite der Party-Laterne mit verschiedenfarbigem Transparentpapier.

Knicken Sie die Falzstellen wieder, und schließen Sie die seitliche Öffnung, damit die Pyramidenform entsteht. Kleben Sie beide Teile aufeinander; lassen Sie dabei jedoch eine kleine Öffnung, um die Party-Laterne über eine elektrische Beleuchtung stülpen zu können.

Spezialpapiere:

farbenfroher Bastelspaß – und alles aus einer Hand von

Hobbidee

Kein anderes Material bietet so viel Gestaltungsspielraum wie die unterschiedlichen Papiere. Es läßt sich falten, schneiden, bemalen und eignet sich für vielbewunderte Kreationen wie Glückwunschkarten, Fenster- oder Wandbilder und dreidimensionale Bastelarbeiten. Bei Kindern im Vorschulalter ist es genauso beliebt wie bei Eltern, Erziehern und Hobbykünstlern, die mit diesen Materialien erstaunliche Kunstwerke gestalten.

Duo-Tonkarton

Duo-Tonkarton hat beidseitig unterschiedliche Farben. In jedem Block sind 10 Blatt in 10 Farbkombinationen enthalten.
Block A4:
Hobbidee-Artikel-Nr. 03-508 46
Block A3:
Hobbidee-Artikel-Nr. 03-509 40

Regenbogen-Transparentpapier

Transparentpapier in Regenbogenfarben.
Mappe 20,5 x 33 cm, 10 Blatt sortiert
Hobbidee-Artikel-Nr. 03-800 00
Mappe 20,5 x 51 cm, 25 Blatt (z. B. für Laternen)
Hobbidee-Artikel-Nr. 03-241 00

Von Hobbidee bekommen Sie im Handel eine Riesenauswahl an Spezialpapieren in verschiedenen Farben, wie z. B.

- Colorwelle
- 3D-Colorwelle
- Fotokarton
- Tonzeichenpapier
- Duo-Tonkarton
- Regenbogen-Buntpapier und -Tonkarton
- Glanzpapier, Glanzkarton
- Alu-Bastelkarton
- Ursellepapier
- Transparentpapier
- Scherenschnittpapier
- Origami-Faltpapier
- Batik-Papier
- Fensterfolie
- Zahlen und Buchstaben aus Tonkarton u.v.m.

Preise und weitere Informationen zu unseren Produkten gibt Ihnen gerne Ihr Händler.

Strohseide

aus Naturmaterial; ideal zum Verpacken und Dekorieren. Packung DIN A4 mit 8 Blatt in unterschiedlichen Farbzusammenstellungen.
Packung A:
Hobbidee-Artikel-Nr. 03-039 01
Packung B:
Hobbidee-Artikel.Nr 03-039 02

Und was gibt's sonst noch ?

Hier eine kleine Auswahl aus mehr als 700 Titeln, die im frechverlag erschienen sind:

TOPP 2017

TOPP 2064

TOPP 1957

TOPP 2083

TOPP 2084

TOPP 2077

Impressum

TOPP 2155

Fotos:
frechverlag Stuttgart
Fotostudio
Ullrich & Co.,
Renningen

Zeichnungen:
Richard Knecht

Auflage:
6. 5. 4. 3. 2. 1.
Jahr:
2000 1999 98 97 96
Letzte Zahlen maßgebend.

ISBN 3-7724-2155-5

Druck:
frechverlag GmbH + Co
Druck KG
D-70499 Stuttgart
Turbinenstraße 7